Gerhard Roos

UMDENKEN TUT NOT

Gedanken eines sorgenvollen alten Mannes

FSC
www.fsc.org
MIX
Papier aus verantwortungsvollen Quellen
Paper from responsible sources
FSC® C105338

Impressum

Herstellung und Verlag:

BoD – Books on Demand, Norderstedt

ISBN: 978-3-7583-6967-4

Inhalt

Vorwort

Je nach Sichtweise sprechen Politiker, Wissenschaftler, Journalisten und allerlei andere Kluge über unsere gegenwärtigen sozialen Verhältnisse von zwei, drei oder auch zahlenmäßig mehr *„Klassen“* unserer Gesellschaft. Ich lehne mich an keine dieser Sichtweisen an sondern lasse die denkbare Zahl der *„Klassen“* bewusst offen.

Die folgend niedergeschriebenen Gedanken beruhen etwas weniger auf intensiven und etwa statistisch nachprüfbaren soziologischen oder politologischen Forschungen und Veröffentlichungen als auf meinen persönlichen Erlebnissen und Erfahrungen aus gut acht Lebensjahrzehnten. Wie auch auf allerlei historischem Wissen, das ich meiner Berufsausbildung und -tätigkeit verdanke. Sowohl beruflich als auch bis heute ehrenamtlich habe ich unzählige Menschen durch Sozialberatung und direkte Hilfen begleitet, damit ist eine profunde Kenntnis der jüngeren Veränderungen unserer sozialen Situation seit etwa 1965 herangewachsen.

Somit ist das Folgende ganz bewusst **aus *Beobachtungen gewachsen*** und nicht ausschließlich aus akademisch-wissenschaftlicher Arbeit. Angesichts der üblen aktuellen Neigung, Meinungen wie Tatsachen zu behandeln, umgekehrt auch Tatsachen wie Meinungen, halte ich es für nötig, diese Vorbemerkung zu schreiben.

Ein „Promi" bin ich zwar nicht, warum soll aber ein schlichter Alltagsmensch seine Lebenserfahrung nicht aufschreiben? Also frisch ans Werk!

Gemeinschaften schaffen sich Führung

Ob in der Pflanzen- oder Tierwelt oder in menschlichen Gruppierungen, überall lässt sich Vergleichbares beobachten: Immer gibt es Schwächere und Stärkere bis zu Extremen, also ganz Schwachen und ganz Starken.

Schön zeigen lässt sich das für die Pflanzenwelt an unseren Wäldern. Deutlich sichtbar sind die Bäume die Starken. Alle anderen pflanzlichen Waldbewohner ordnen sich diesen unter. Auf und in den Böden, auf der Rinde, teilweise sogar als Schmarotzer im Geäst. Die Gesundheit und Kraft des Baumbestandes garantiert allen anderen Pflanzen, vom Unterholz über Schmarotzer bis zu Mikroben, das Leben. Aber nicht ohne Gegenleistung. Die untergeordneten Arten schützen, helfen Wasser speichern, lockern den Boden und generieren unzählige Nährstoffe für die großen Leitpflanzen, die Ihnen schattigen Lebensraum bieten. In der Pflanzenwelt entwickeln sich also die Führungswesen gattungsübergreifend.

Anders ist das zumeist in der Tierwelt. Von der Leitelefantin, dem Affenvater und dem Leithammel bis hin zur Insektenkönigin gibt es zahllose Beispiele überraschend geordneter, zuweilen aber auch brutal erkämpfter Leitungsorganisationen, innerhalb deren Strukturen die geschützten Schwachen ihre dienenden Funktionen – auch zur Stützung der Starken – zu erfüllen haben. Fast alle aber streng innerhalb ihrer Gattung. Der Löwe als *„König der Tiere"* ist eher einem Mythos entsprungen als einer echten Funktion dieses Tieres.

Aus der Menschheitsgeschichte ist bekannt, dass bereits recht frühe Sippenstrukturen erforscht werden konnten, in denen – wenn überhaupt – patriarchalische oder matriarchalische Führungen geherrscht haben dürften. Der Jäger ernährte und schützte die Hüterin des Hauswesens, die Schwangere und Gebärende, die für die Zukunft der Sippe Verantwortliche samt Nachkommen. Auch hier ein Verhältnis auf Gegenseitigkeit. Und Wanderung war notwendig, um die Versorgung zu sichern.

Die Erfindung von Ackerbau und Viehzucht vor rund 12.000 Jahren führte dazu, dass allmählich Menschen sesshaft wurden, die Bevölkerung stark zunahm, Privateigentum an Land und Vorräten sowie Konkurrenz entstand und sich die sozialen Strukturen der Gruppen änderten. Je nach Lebensraum entwickelte sich das nicht ganz gleich, vor allem die Zusammenführung der Sippen in Stämme und erst recht dann in ganze Völker bedurfte neuer Strukturen. „Vom Vater über den Häuptling zum Fürsten" beschrieb das einst unser Geschichtslehrer.

Vor etwa 5.000 Jahren nahm das alles extrem an Fahrt auf. Despoten etablierten sich, die sich auf Armeen stützten. So bildeten sich Staaten und große anonyme Gesellschaften mit schnell wachsenden sozialen Unterschieden. Dadurch leben wir heute in einer gespaltenen Welt, für die wir, wenn man so möchte, nicht gemacht sind. Das muss man wissen, wenn man die Tücken unserer modernen Alltagswelt verstehen will. Sowohl in den globalen Beziehungen als auch in den regionalen Strukturen.

Je unübersichtlicher die betreffende Gemeinschaft, auch durch die wachsende Überbevölkerung, desto mehr Abstufungen der Führungsebenen entstanden. Ein Abzählreim aus meinen Kindertagen spiegelt schön das Bewusstsein der Bevölkerung aus der Zeit der Feudalherrschaft wider – im Falle Deutschland aus dem Kaiserreich: *„Kaiser, König, Kurfürst, Rat, Edelmann, Landmann, Knoppsoldat."* Nun könnte man denken, die späteren gesellschaftlichen Veränderungen – über den Faschismus zur Demokratie – hätten daran grundlegend etwas geändert. Das ist aber ein Irrtum. Jede Form der staatlichen Organisation fordert neue Führungsformen heraus. Eliten gibt es immer, die sind nur anders gestützt und erst recht anders zusammengesetzt. Zudem nicht immer direkt erkennbar, das macht dann die Sache für den Normalbürger undurchsichtig und beängstigend.

Dazu kommt, dass anders als dort, wo Pflanzen und Tiere unberührt miteinander leben, in menschlichen Gruppierungen fast ausnahmslos die Abhängigkeiten ihre gegenseitige Ausgewogenheit verlieren, weil die

Starken, die Eliten also, die Schwachen nicht nur schützen und versorgen, sondern auch intensiv auszunutzen beginnen. Das ist die Kehrseite zahlreicher Hierarchien!

Betrachten wir dazu nur einmal die uns im Bereich staatlicher Ordnungen seit dem Mittelalter bekannten politischen Organisationsformen der Gesellschaft.

Gesellschaftsordnungen

Beginnen wir mit der jüngeren deutschen Geschichte. Vor Kurzem las ich einen Satz, der mich nachdenklich gemacht hat: ***„Der Sozialismus ist daran zugrunde gegangen, dass er nie realisiert wurde, der Kapitalismus geht daran zugrunde, dass er realisiert wurde!"*** Nun bin ich Zeitzeuge beider System-Experimente auf deutschem Boden und will diese These ein wenig auf ihre Substanz abklopfen.

Schon immer beschäftigte mich die Frage, was am ***„real existierenden Sozialismus"*** des *„Ostblocks"* – bei uns der DDR – das Scheitern verursacht hat. Theoretiker wie Marx und Engels hatten eindeutig den Nutzen der *„Werktätigen"* im Blick und erwarteten, dass deren Aufbegehren, notfalls durch Revolutionen, ein ***Gleichgewicht*** zwischen dieser Bevölkerungsmehrheit und den *„Finanzeliten"* werde herstellen können. Ein grundlegender Irrtum. Dass dies nicht gelang, lag eindeutig an der Tatsache, dass sich innerhalb der *„Arbeiterklasse"* in atemberaubender Geschwindigkeit neue Eliten herausbildeten, die der Masse der Werktätigen ihre Kontrollorgane und ihre Planwirtschaft, also ihr spezielles Machtsystem, aufzwingen konnten. Und dies mit allen perfiden Mitteln **autoritärer Herrschaft**.

So waren die Führungskader entstanden, die durch zahllose Mätzchen den Bürgern einerseits einen Wohlfahrtsstaat boten, andererseits jede erdenkliche Freiheit zur Lebensplanung entzogen Die ständig belauerte Bevölkerung wurde auf allen Lebensebenen abhängig vom Wohlwollen der Führenden gemacht. Sichere Arbeitsplätze, obwohl es zu wenig Arbeit gab, und volle Konten ohne genügend Waren. Wer die Macht hatte, machte was er wollte. (Eindrucksvoll und kompetent dargestellt in: *Jürgen Waschek, Dessauer Knallerbsen – Begegnungen im Wandel, Geest-Verlag 2013, ISBN 978-3-86685-374-4.)*

Im allmählichen Sterbeprozess des **„westlichen" Kapitalismus** steckt aktuell tatsächlich fast die gesamte Weltbevölkerung. Der Kapitalismus setzt darauf, wir alle seien gewinnmaximierende Egoisten.

Heute schlägt aus dieser Einschätzung noch eine ganze Selbstoptimierungsindustrie Kapital, die auf dem kapitalistischen Mythos basiert, dass in der Konkurrenz nur die Besten und Stärksten bestehen. Sie suggeriert uns, dass wir selbst schuld sind, wenn wir arm oder depressiv sind, und dass wir nur hart arbeiten müssen, um aufzusteigen und glücklich zu werden. Doch das ist ein hochgefährlicher Mythos.

Trotz angemessenen Gejammers wollen zudem die *„Finanzeliten“* keinesfalls begreifen, dass die ***„Methode des ständigen Wachstums“*** zwar der Motor industrieller und dann insbesondere digitaler Fortschritte war und ist, dass dieser Motor aber stottert und sogar in zahlreichen Bereichen fast zum Stehen gekommen ist. Wachstum kann nicht mehr das Hauptziel sein. Die Theoretiker dieses Systems bauten und bauen auf die Macht des freien Marktes. Die *„freie Marktwirtschaft“* ist aber alles Andere als frei. In dieser hat die Elite der Finanzkräftigen und rücksichtslos Profitgierigen – zwar außer in den Börsen und starken Lobbysystemen weniger durchorganisiert, aber mit erheblich mehr finanziellem

Spielraum als die sozialistische Elite – die **autoritäre Herrschaft**. *„Geld regiert die Welt“* hat albtraumartige Realität bekommen. Arbeit ohne Ende, oft für völlig überflüssige Produkte, aber immer weniger Arbeitskräfte laugen die Beschäftigten aus. Überhaupt: **Ausbeutung** zahlloser einzelner Beschäftigter, aber leider auch ganzer Staatenbevölkerungen, ist eines der stärksten Machtinstrumente, zugleich aber auch die größte Schwäche des Kapitalismus. Auch die internationale Armutsmigration ist eines der Kennzeichen, dass dieses System schon länger ausgedient hat. (Alles das eindrucksvoll und kompetent dargestellt in: *Ulrike Herrmann, Das Ende des Kapitalismus, Verlag Kiepenheuer u. Witsch 2022, ISBN 978-3-462-00255-3.)*

Woran liegt es nun aber, dass beide **„moderne“** Gesellschaftsordnungen zugrunde gingen oder gehen? Meine langjährige Beobachtung ist, dass beide Systeme, ihre Vordenker und ihre Anhänger mit Menschen rechnen, die es so gar nicht gibt. Ihre größte Schwäche scheint also ihr **falsches Menschenbild** zu sein. Ganz verständlich ist das schon, denn diese Fehleinschätzung des Wollens und Könnens der jeweiligen Bevölkerung ist Gemeingut unzähliger Philosophen, Ökonomen, Sozialwissenschaftler, Politiker und anderer Theoretiker. Alle trauen dem *„Normalmenschen“* ***Einsicht und Eigeninitiative*** zu, die dieser dann im realen Leben gar nicht zeigt. Wäre dieses Menschenbild korrekt, hätte nämlich echte Demokratie beide Gesellschaftssysteme handlungsfähig und erfolgreich machen müssen. Das kann aber selbst sie nicht. Schon Churchill hat die Demokratie als *„die schlechteste Staatsform außer allen anderen“* qualifiziert. Auf die Rückfrage, woran das wohl liegen möge, antwortete er sinngemäß: *„Schauen sie sich doch das Wahlvolk an!“* Ein realistisches Menschenbild. Interessant ist, dass im praktischen Vollzug der beschriebenen Gesellschaftsordnungen diejenigen, die nach oben schwimmen und dadurch zur Elite werden, ihre Mitmenschen viel realistischer *(und damit reichlich brutaler)* einschätzen, als die Theoretiker der verschiedensten wissenschaftlichen Disziplinen. Sie nutzen ***die Bequemlichkeit, die Ängste, den Geltungstrieb,***

die Disziplinlosigkeit, die Eitelkeit, die Manipulierbarkeit usw., kurz: alle feststellbaren „Charakterschwächen" der Massen. Dies war und ist tatsächlich in beiden Gesellschaftsordnungen erstaunlich gleich.

Die liberalistische Vorstellung von einer *„Sozialpolitik, die nachhaltig ist und Einsatz freisetzt, anstatt ihn zu fesseln"* erträumte schließlich einen *„Sozialstaat (...), der nicht an bestimmten Grenzpunkten beginnt, die Möglichkeiten der Wirtschaftsentwicklung einzuschränken." (Dahrendorf)* Also eine behutsame Vermischung beider Gesellschaftsordnungen mit einer erhofften verantwortlichen Nutzung der Freiheit. Aber auch alle solche Versuche - z.B. die ***„soziale Marktwirtschaft"*** - sind an den beschriebenen menschlichen Schwächen und ***der rücksichtslosen Profitgier der Eliten*** kläglich gescheitert. Erst recht der Neoliberalismus.

Nun brodelt es bei uns gewaltig. Nach der jahrelangen Privatisierung zahlreicher Lebensgrundlagen, von Medizin- und Pflegeeinrichtungen über Wohneigentum bis zu Banken und Verkehrswegen, begann allmählich das ***Erschrecken über die „Heuschrecken"***, die sich als rein gewinnorientierte Fresser herausstellten. Zwar ist die Rekommunalisierung in Gang gekommen, aber für die Kommunen kaum finanziell zu stemmen. Somit ist eine unaufhaltsame Teuerungswelle bei weiterhin mäßigen Entlohnungen in zahlreichen Berufen, Schrumpfung von Lebensmittelerzeugereinnahmen und vielem mehr Ursache für ein weiteres Auseinanderdriften der Besitzstände der Bevölkerung. Die Reichen werden immer reicher, die Armen immer ärmer. Wer stoppt den Trend, und wie soll es geschehen?

Eine erschreckend große Menge Wahlberechtigter erhofft sich die Rettung von rechts. Umfragen sehen die AfD im Emporkommen. Das ist dem unbegreiflich, der die deutsche Geschichte kennt. Die beiden früheren und heute deutlich überschaubaren Gesellschaftsordnungen, die ***feudalistische Monarchie*** ebenso eindeutig wie der ***Nationalsozialismus***, sind doch erst recht reichlich kläglich gescheitert. Auch ihr größter Fehler war die ***autoritäre Herrschaft***, die machtgierige Eliten die

Bevölkerung ausnutzen ließ. Durch Wohltaten, durch Lügen, durch Hetze, provozierte Massenbegeisterung und viele andere autoritäre Handlungsweisen. Also auch sie nutzten die Bequemlichkeit, die Ängste, den Geltungstrieb, die Disziplinlosigkeit, die Eitelkeit, die Manipulierbarkeit usw., kurz: alle feststellbaren *„Charakterschwächen"* der Massen. Auch insoweit ist also die AfD brandgefährlich.

Eine Chance hätte eine demokratisch gestützte Änderung der Einstellung aller Kreise unserer Bevölkerung. Nur ***Bescheidenheit und Zufriedenheit*** mit den längst erlangten Möglichkeiten des Lebens sowie die ***Bereitschaft zum Ausgleich zwischen den verschiedensten Bevölkerungsgruppen und zur Schonung der Ressourcen unserer Welt*** könnten wohl helfen. Wo aber findet sich dazu die Bereitschaft? Nur bei Minderheiten. Mehr dazu ab Seite 43.

Zuerst aber noch zur ***globalen Finanzpolitik***. Selbst das Verhalten und die Äußerungen der demokratisch gewählten politischen Eliteangehörigen gehen fast durchweg davon aus, dass ein Wirtschaftswachstum wieder angekurbelt werden muss, anstatt zu erhalten, was gewachsen und bewährt ist, auch etwa industriell. Es gibt auch verantwortungsvolle Mahner, aber deren Stimmen werden übertönt. Leider auch und gerade wieder häufiger von den politischen *„Kommentaren"* und erst recht *„Analysen"* zahlreicher *„unabhängiger"* Medien. Was wären die Medien ohne Werbekunden? Von wegen unabhängig. Und international knebeln die Börsen mit ihren rücksichtslosen Kapitalschöpfungs- und Wiedervernichtungs-Strategien die im Geschäftlichen Wehrlosen in oftmals krimineller Weise.

Besonders für die in ihrer Armut abhängigen ehemaligen Kolonialstaaten sorgt der Internationale Währungsfonds IWF für ein langsames Ausbluten. Wirtschaftlich ist der Anschluss undenkbar, denn da sind diese Staaten schon viel zu lange ausgenutzt worden. Also machen sich die Menschen auf lebensgefährliche Wanderwege, um angeblich paradiesische Verhältnisse in den Staaten zu suchen, die letztlich an ihrem Elend schuld sind. Es wirkt alles trostlos und unabänderlich.

Politisch vernünftige und nötige Einschnitte in bestehende Strukturen wären jedoch als Einstieg in eine Änderung der Verhältnisse durchaus denkbar.

Grundsätzliche Korrekturen tun not

Bleiben wir vorerst im eigenen Land und beginnen mit dem weiten und kostspieligen Feld der **Sozialpolitik**, deren aktuelle Rechtsgrundlagen in nunmehr zwölf einzelnen Sozialgesetzbüchern minutiös ausgebreitet sind. Aus dem früheren BSHG, einigen Einzelgesetzen und der DDR-Gesetzgebung ist seit etwa der *„Wende"* eine Unsumme von komplizierten Einzelregelungen entstanden, die den betroffenen Behörden und damit auch den Bürgern zwar soziale Hilfen ermöglichen, zu denen der Zugang aber ein Labyrinth darstellt, geprägt von unüberschaubaren Vorbedingungen, Anrechnungen, Belegverpflichtungen und endlosen Antragsformularen mit unterschiedlichsten Fristen.

Der verantwortlich denkende Bürger sieht, so darf es nicht weitergehen. Vor allem in den Bereichen Arbeitsmarkt-, Renten-, Familien- und Gesundheitspolitik muss eine revolutionäre Änderung der Systeme stattfinden, um das – angesichts der Gesamtmittel unerträgliche – Gefälle zwischen den tatsächlich verfügbaren Mitteln von Arm und Reich deutlich zu mildern. Wenn Politiker die *„Vollbeschäftigung*" als Alibi dafür benennen, nichts ändern zu müssen, ist das ein Hohn. Die derzeitigen Arbeitnehmer sind zu einem viel zu großen Anteil nicht in der Lage, ihren Lebensunterhalt befriedigend zu decken, geschweige denn genügend Rentenanrechte zu erwerben, weil Niedriglöhne *(die Mindestlohnhöhe ist noch immer ein Witz)*, befristete Arbeitsverträge, Teilzeitbeschäftigung und auch das Subunternehmen-Unwesen die Regeleinkünfte zu knapp halten. Vollbeschäftigung ohne Perspektive! Wenn diese Darstellung seit Langem mit dem Vorwurf *„Neiddebatte"* abgetan wird, ist das skandalös.

Ich bin überzeugt, dass jedes soziale Einzelthema nicht nur ein eigenes Gesetzbuch benötigt, sondern auch ein eigenes, in sich geschlossenes Finanzierungssystem. Familienpolitik finanziert sich ausschließlich aus Steuermitteln, das ist geklärt. Arbeitsmarkt-, Renten- und Gesundheitspolitik verschlingen neben den solidarisch geplanten Pflichtversicherungsbeiträgen zudem noch Unsummen an Steuerzuschüssen, das ist – außer im Klinikbereich – außerordentlich ungerecht. Der Teil der Bevölkerung *(Arbeitnehmer wie -geber),* der in die Pflichtversicherungen einzahlt, wird letztlich zweimal zur Kasse gebeten. Lediglich in Sachen Kliniken wird das so oder so ähnlich bleiben müssen.

Betrachten wir also zuerst die **Arbeitsmarktpolitik**. Die Maßnahmen der Agenda 2010 haben einige Jahre ganz gute Dienste geleistet. Inzwischen wurde *„HARZ IV"* zu einer Großbaustelle. Immer komplizierter wurden Anrechnungsvorschriften, zum Beispiel im Falle der zeitweiligen Kindergeldanrechnung auch noch extrem ungerecht, und erschweren den unterbesetzten Behörden die korrekte Abwicklung. Dass die Sachbearbeiter zu einem großen Anteil anfangs auch noch fehlqualifiziert waren, machte die Sache noch viel schwieriger. Hier sehe ich mit Freude, dass die Politik allmählich eingesehen hat, es muss eine Neugestaltung der Unterstützungen von Arbeitslosen geben. Das

„Bürgergeld" mit seinen Vereinfachungen der Bearbeitungswege ist ein erster wichtiger Schritt. Aber noch immer vermisse ich Gedanken, das System der Arbeitslosenversorgung vom Steuertropf abzukoppeln und wieder in sich zu schließen. Die Versicherungsleistungen reichen nicht aus. Also ***müsste jeder Bürger mit Erwerbseinkommen zur Finanzierung beitragen***. Ein besonderes Problem im Verantwortungsnetz der Bundesanstalt für Arbeit ist dann noch die ständige Auslagerung der Hilfen für Langzeitarbeitslose in unflätig teure Maßnahmen privater oder „gemeinnütziger" Anbieter, die einzig der Kosmetik der Arbeitslosenstatistik dient. Wer in der Maßnahme ist, ist dann kein gezählter Arbeitsloser, sitzt aber – nicht immer, aber zumeist – nur sinnlos bei den Anbietern seine Zeit ab.

Die nächste Betrachtung gilt nun der ***Rentenpolitik***. Aktuell ist noch ein recht hoher Anteil jener Bevölkerung, die nicht mehr arbeiten muss oder kann, ordentlich finanziell versorgt. Die Renten steigen stetig; wer eine gute Rente hat, bleibt vorerst ohne Probleme. Die

„reichen Alten" verdecken indes das Bild der sich ausbreitenden Altersarmut. Eine unverantwortlich große Menge Kleinrentner ist auf Zusatzleistungen des Staates angewiesen, um zumindest über ein Existenzminimum aus Grundsicherung im Alter oder Wohngeld und weiteren Einzelzuschüssen zu verfügen. Viele dieser Personen sind zu wenig informiert oder oft auch zu stolz, um diese ihnen – aus Steuermitteln – zustehenden Leistungen zu beantragen. Die gottlob weit verbreiteten Tafeln und andere Organisationen fangen das Schlimmste zwar mustergültig auf, das System selbst aber ist unfähig, das unsoziale Gefälle zu beseitigen, auch weil die meisten Empfänger höherer Einkommen wie bei der Arbeitslosenversicherung kaum oder gar nicht an der Finanzierung beteiligt sind.

Außerdem droht der Generationenvertrag dem demographischen Wandel endgültig zum Opfer zu fallen. Anstatt die bedürftigen Rentner aus Steuermitteln der Kommunen letztlich unzureichend zu unterstützen, muss eine **Grund-, Sockel- oder Einheitsrente** geschaffen werden, mit der jeder Bürger, ob arm, ob reich, im entsprechenden Alter zufriedenstellend finanziell ausgestattet ist, die also deutlich über dem Existenzminimum festgesetzt wird. Für alle jene, die ein gutes oder sehr gutes Erwerbseinkommen hatten, das aktuell die Voraussetzung für höhere Versorgungsbezüge wäre, könnte ab einer bestimmten Höhe der geleisteten Beiträge aus dem Arbeitsleben eine gestaffelte Höherleistung festgelegt werden, die aber wiederum nach oben gedeckelt bleiben muss, um den Gesamtbedarf bezahlbar zu halten. Sinnvoller wären Möglichkeiten der freiwilligen Selbstvorsorge, wie es sie ja längst gibt. Auch Mütterrenten könnten ohne Steuerzuschüsse im System verbleiben. Solch eine Einheitsrente für jedermann bräuchte ein Umdenken. Besserverdienende könnten das gute Gefühl erlernen, sozial zu handeln.

Bezahlt werden muss also das Rentensystem dringend von allen, die ein Einkommen erzielen. Anteilig des Einkommens hätte jeder, vom Mindestlohnempfänger und lediglich Teilzeitbeschäftigten bis zum Soldaten, höchstrangigen Beamten und bestbezahlten Manager Rentenbeiträge zu leisten. Mir ist klar, damit stoße ich in eine bisherige ***Tabuzone deutscher Sozialpolitik*** vor. Dabei ließe sich so die Rentenfinanzierung endlich vom Steuertopf abkoppeln. In unteren Einkommensgruppen könnte es sozialverträgliche Staffelungen geben, ab einer festzusetzenden Einkommenshöhe müsste der Beitrag gedeckelt werden, damit die Superreichen nicht zu sehr auf Tricks verfallen, sich ihrer Rentenpflicht zu entziehen. Ruhestandsbeamte und -soldaten könnten zur Sockelrente noch eine Teilpension beziehen, die der Einstufung im vorigen Berufsleben Rechnung trägt. Nur die wäre dann Sache der Arbeitgeber (und für diese doch schließlich erheblich billiger als heutige Pensionsregelungen). Eine Besteuerung der Renten könnte und sollte unterbleiben. Nicht aber eine Besteuerung der Mehreinkünfte im Alter.

Die Staaten, die eine ordentliche Grundversorgung ihrer Rentner bieten, haben damit gute Erfahrungen, bekommen aber die Einnahmeseite noch nicht in den Griff. Dass der Staat aus Steuermitteln zuschießt, ist oft das Problem. Das muss aber nicht sein. Als **Solidarpakt** zwischen Jung und Alt, Gut- und Kaumverdienern, denen, die viel können und denen, die wenig können, ist es sinnvoller, ein in sich geschlossenes Rentensystem zu schaffen, anstatt die heutige unverantwortliche Gemengelage aus sowohl rentengestützter als auch steuerfinanzierter *(unsinnigerweise steuerpflichtiger)* Versorgung aufrecht zu erhalten, die ungerechte Verteilung der Mittel verursacht, einen aufwändigen Arbeitsbedarf in diversen Verwaltungsebenen erfordert und für die Betroffenen völlig undurchsichtig geworden ist. Beispiel: Rentenpunktesystem.

Ein erst recht unübersichtliches Mosaik der verschiedensten, gut gemeinten Förderungen war in den vergangenen Jahrzehnten in der **Familienpolitik** entstanden. Wie das Rentensystem bedurfte das System der Lebenssicherung der Kinder dringend einer drastischen Korrektur. Auch hier fällt auf, dass aus mehreren, den betroffenen Eltern oft kaum erkennbaren Quellen zwar für die unterschiedlichsten Bedarfe Unterstützung gesetzlich angeboten wurde, ein klares und durchsichtiges System aber fehlte. Bereits die *„Gleichartigkeit"*, also Alternative zwischen Kindergeld und steuerlichem Kinderfreibetrag schafft eine böse Ungerechtigkeit zwischen Familien mit mäßigem und solchen mit höherem Einkommen. Beamte haben zusätzlich einen Familienzuschlag, nach Kinderzahl gestaffelt. Die Kosten für die gesetzlich garantierten Kitas liegen zwischen 350 € und Null. Teilhabeleistungen erreichen die berechtigten Kinder häufig gar nicht. Die Bafög-Regelungen belasten die Empfänger oft bis weit in ihre berufliche Zukunft hinein. Das sind nur einige Beispiele eines Förderurwaldes, der nicht nur die Inanspruchnahme der Hilfen stark erschwert, sondern auch extrem ungerecht ist. Das alles schreit zum Himmel, wird aber immerhin derzeit erstmalig gründlicher bearbeitet.

Deutsche Sozialverbände fordern seit Langem eine Zusammenführung aller Hilfeleistungen in eine einzige Familienförderung mit einem für alle gleich hohen kostendeckenden Kindergeldbetrag, der erstens alle weiteren Antragswege überflüssig macht und zweitens alle Ungerechtigkeiten beseitigt. Die Dauer der Förderung könnte von der nachgewiesenen Länge einer Ausbildung abhängig gemacht werden, die monatliche Höhe etwa nach Altersbedarfsstufen gestaffelt werden. Die Staffelung nach Kinderzahl ist ein ziemlicher Unsinn.

Die Gesamtkosten für den Steuerzahler werden die heutigen Kosten sicher nur geringfügig überschreiten, da die verbleibenden Verwaltungskosten auf ein Minimum schrumpfen können. Kitas könnten mit bundesweit gleichen Gebühren *(ohne die schon wieder regional unterschiedlichen Befreiungsregelungen)* plötzlich eine Planungssicherheit gewinnen und Familien ebenfalls. Letzteres wäre ein extrem hohes soziales Gut und auch zur Vermeidung von Entwicklungen zur Kriminalität gut geeignet. Verwaltungspolitisch wäre zu begrüßen, dass sowohl die Bundesländer als auch die Kommunen völlig außen vor blieben, diverse Bundesförderungen für diese könnten also wegfallen. Die **Kindergrundsicherung** ist ein kräftiger Schritt in diese notwendige Richtung.

Besonders herausfordernd ist auch die Lage der **Gesundheitspolitik.** Zwischen den heute erreichbaren Leistungen der gesetzlichen und der privaten Krankenversicherer klaffen wieder Welten. Das war schon mal etwas besser, aber auch hier ist das gesetzliche Sicherungssystem unterfinanziert. Die Folge ist, dass unter dem praktischen Vorwand des *„Wirtschaftlichkeitsgebots" (§ 12 SGB V)* das *„Maß des Notwendigen"* immer mehr eingeschränkt wird, teilweise mit den abstrusesten und menschenfeindlichsten Begründungen der Krankenkassen.

Eine denkbare Lösung wäre die Auflösung der privaten Krankenversicherungen und die Einrichtung einer **„Bürgerversicherung"** für alle. Darüber wurde wiederholt nachgedacht, aber offensichtlich erkannt, dass die Unterfinanzierung damit nicht zu heilen wäre. Aber auch die notwendige doch extreme Höherbelastung der Versicherungsnehmenden scheuen offensichtlich die Verantwortlichen, und das mit Recht.

Also muss doch die Ausgabenseite überdacht werden. Unzählige überflüssige aktuelle Luxusleistungen der Krankenversicherer müssten festgestellt und aus den Leistungskatalogen entfernt werden. Außerdem sollten personelle und technische Ausstattungen der Kliniken nicht von Pauschal- oder anderen Einzelleistungen der Versicherer abhängen. Die Funktionsfähigkeit von Krankenhäusern müsste ***insgesamt*** mit Steuermitteln erhalten werden. Das hätte auch den Vorteil, dass eine bessere Steuerung der Verteilung der Kliniken über die Länder möglich würde. Dass die Konzernkliniken ein zusätzliches, weil rein gewinnorientiertes Lastpotential für die Gesundheitsfürsorge bieten, wissen die Vorstände der Krankenversicherungen ganz genau.

Zukunftssorgen anderer Art

Ein auf den ersten Blick ganz anderes politisches Reizthema, die ***Umweltproblematik infolge des Klimawandels***, spaltet bereits in der Einschätzung ihrer Gefährlichkeit unsere Gesellschaft. Starke Besorgnisse sind einerseits weit verbreitet, aber auch eine seltsame Unwilligkeit, durch Verhaltensanpassung, also Änderung zahlreicher schädlicher Gewohnheiten, den Gefahren wirksam die Stirn zu bieten. Und dann gibt es auch noch zahlreiche Menschen, die als *„Leugner"* der Meinung sind, sie müssten nicht glauben, was über die Klimaveränderungen und ihre Folgen ständig berichtet wird.

Wie der äußerst neutrale Wissenschaftler Sven Plöger in seinem klugen Buch *„Zieht Euch warm an, es wird heiß, Westend Verlag 2020, ISBN 978-3-86489-286-8"* nüchtern feststellt, geht es ***„nicht um Glauben (...). Wir sind mit naturwissenschaftlichen Tatsachen konfrontiert, und denen sind (...) menschliche Konzepte völlig fremd."***

Er beschreibt als biophysikalische Tatsache, dass Kohlenstoff von Wäldern, Meeren und Mooren **gebunden** wird, wir die also schonen und dringend pflegen müssen. Erste dringende Aufgabe. **Freigesetzt** indessen wird der Kohlenstoff *„im Wesentlichen durch die Verbrennung fossiler Energieträger."* Diese Quellen zu schließen, sei die zweite dringend gebotene Aufgabe. *„Die wichtigsten Quellen (…) sind die Energiewirtschaft (…), der Verkehr, die Gebäudetemperierung und die Landwirtschaft."* Sogar bei Pandemien spielt der Klimawandel eine Rolle. Steigende Temperaturen ändern Ökosysteme, Tiere wandern mit ihren Viren durch die Kontinente. Beispiel: Die Asiatische Tigermücke, die das Dengue-Virus übertragen kann, findet nun durch die steigenden Temperaturen zunehmend Lebensräume in Europa. Den Klimawandel zu bekämpfen ist also auch eine Form der Pandemieprävention.

Das sind alles keine Meinungen, das sind harte wissenschaftliche Fakten, die eigentlich jedermann kennen müsste. Daraus ergibt sich die Mahnung an zahlreiche politische Kräfte, ja ganze Parteien, sich von seltsam rückwärtsgerichteten Ansichten – gegen die notwendige Förderung schonender Energieerzeugung – von umweltversiegelnden Straßenbauprojekten, von der Verweigerung des in der EU völlig einvernehmlich existenten Tempolimits und ähnlichen traurig stimmenden Denkweisen endlich zu verabschieden.

Es hilft alles nichts, der Klimawandel fordert energisch seinen Tribut, also müssen **klimapolitische Maßnahmen** verstärkt werden. Politikern, die das wollen, *„Regelungswut"* und *„Verbotspolitik"* vorzuwerfen, wie manche Politiker und Journalisten das tun, ist infam. Allein die StVO enthält erheblich mehr Verbote und Regeln, als zur Rettung der umweltpolitischen Ziele und der Menschen der Zukunft notwendig wären.

Der Bundesverkehrsminister Dr. Wissing betonte 2023, leider korrekt, er betreibe *„wachstumsorientierte Politik"*, und behauptete keck: *„Nur wer wirtschaftlich erfolgreich ist, kann auch Klimaschutz finanzieren. Das Geld, das* *wir für die Transformation brauchen, fällt ja nicht vom Himmel."* Solange aber die Reichen und Mächtigen – auch allerlei Politiker – über diverse Medien der naiven Bevölkerung immer noch einreden können, dass *„sozial"* und *„ökologisch"* das Böse ist, solange wird sich nichts ändern. Auch wenn zahlreiche andere Medien engagiert dagegen berichten. Die als *„Neiddebatte"* (s.o.) disqualifizierten Beschreibungen von Tatsachen sind inzwischen – in Sachen soziales Gefälle wie in Sachen Ökologie – durch seriöse wissenschaftliche Statistiken gestützt. Das zeigen in beiden Bereichen z.B. aufschlussreiche Grafiken der *„World Inequality Database 2022"* und allerlei andere erschreckende Forschungsergebnisse:

Während die Ärmsten in Deutschland 2019 etwas über 3 Tonnen CO2 pro Person und Jahr emittierten, waren es beim reichsten 1 Prozent etwa 105 Tonnen – also fast das 35-fache. Schaut man bei den Reichsten auf noch kleinere Gruppen, steigt diese Ungleichheit weiter an: Die Emissionen der reichsten 0,001 Prozent in

Deutschland, das sind etwa 800 Menschen, werden je Einzelperson auf 11.700 Tonnen im Jahr errechnet – das Tausendfache des deutschen Durchschnitts. Riesige Anwesen – oft mehrere –, Luxuskarossen – auch mehrere –, Privatjets und monströse Yachten wirken schon unfassbar. Jedoch den Hauptschaden verursachen Investitionen zu Produktionskapazitäten *(für die reine Gewinnmaximierung dieser „wirtschaftlich Erfolgreichen“)*. Und das ohne verfügbare Arbeitskräfte!

Zwischen 1991 und 2019 sind die Emissionen in Deutschland immerhin um etwa 34 Prozent gesunken. Das liegt aber vor allem an den ärmeren zwei Dritteln der Bevölkerung, die ihre Emissionen um mehr als 34 Prozent reduzierten, teilweise sogar deutlich mehr. Das reichere Drittel aber sparte unterdurchschnittlich. Und schaut man wieder auf die reichsten 800, die 0,001 Prozent, so senkten diese ihre Emissionen nicht, sondern erhöhten sie sogar um 10 Prozent. Somit haben in Deutschland diejenigen, die weniger zur Klimakrise beitragen, mehr Verantwortung beim Klimaschutz übernommen. Wer es sich jedoch – weil wirtschaftlich erfolgreich – leisten kann, verpestet schamlos weiterhin die Welt. Die *„Transformation“*, von der Herr Wissing träumte, zahlen also die Durchschnitts-Steuerzahler und nicht die wirtschaftlich Erfolgreichen. Das ist eine durch politische Dummheit gestützte Zumutung.

Ich frage mich, wie Herr Wissing als zweifellos intelligenter Minister auf so kurzatmige Gedanken verfallen konnte. Die üble Nachrede, die FDP würde vor der Industrie einknicken, möchte ich nicht glauben. Ich vermute vielmehr tieferliegende Gründe. Einer davon mag in der seit Jahren immer stärker ausgeprägten Tendenz zurück auf Elemente des Manchester-liberalismus liegen. So, als habe es weder J. M. Keynes noch die vorübergehenden Errungenschaften einer Sozialen Marktwirtschaft gegeben. Wahre Liberalität ist mehr als Geld. Ohne Verantwortung jedoch ist sie ein Freibrief für Unmenschlichkeit. Das zeigt die Mahnung des liberalen Philosophen Hans Jonas: **„Handle so, dass die Wirkungen deines Handelns verträglich sind mit der**

Permanenz echten menschlichen Lebens auf Erden." Das zu tun wäre wahre Freiheit!

Es wird also höchste Zeit, den Bundeshaushalt zu befähigen, die genannten Herausforderungen zu stemmen. Wir brauchen, so böse das klingen mag, dringend je eine wirksame ***Vermögens-, Übergewinn- und Reichenerbsteuer***, um die im Geld schwimmenden Sozial- und Umweltschmarotzer zu bändigen. Und – wie oben dargelegt – auch endlich eine Änderung unserer Sozialsysteme, die alle Erwerbstätigen einzahlen lässt. Das würde Unmengen Steuerzuschüsse einsparen. Wer bringt unsere politischen Parteien endlich dazu, diese notwendigen Konzepte in Angriff zu nehmen? Wenn dann auch noch die Parteien nicht in der Lage sind, ihre ***Kommunikationsstrategien*** den Erfordernissen der Gegenwart anzupassen, wenn sie medienpolitisch versagen, dann ist das eine enorme Gefahr für das Funktionieren der Demokratie insgesamt. Damit werden vielleicht vorhandene gute Ansätze der Politik unsichtbar. Es gibt aber auch weniger gute.

Dass die Bundesregierung 2023 für 2024 mit Rücksicht auf die Schuldenbremse umfangreiche Kürzungen plante, bezeichnete auch der Präsident des *„Peterson Institute for International Economics“* als problematisch. *"Deutschland durchlebt gerade die erste wirkliche Rezession seit Jahrzehnten, die AfD liegt in den Umfragen teilweise vorn - und wir wissen aus der Geschichte, dass Austerität* (strenge staatliche Sparpolitik) *radikale Parteien nährt."* Er sprach sich dafür aus, die Besteuerung von CO_2-Emissionen deutlich auszuweiten. *"Die Regierungen brauchen mehr Geld und sie müssen die Steuern und Abgaben erhöhen."* In diesem Zusammenhang würde er sich auch *"über Vermögensteuern Gedanken machen".*

Anscheinend fürchten die bürgerlichen Parteien eine wie in diesem Büchlein beschriebene Rosskur unserer Systeme wie der Teufel das Weihwasser. Warum nur? Aus meiner aus zahllosen beruflichen, ehrenamtlichen und privaten Kontakten gewonnenen Kenntnis der Stimmung in der Bevölkerung meine ich voraussagen zu können, dass Wahlversprechen, die diese Korrekturen der Systeme enthalten, ganze Wählerströme zur Partei mit diesem Programm in Bewegung setzen würden. Parteien beklagen in seltener Gemeinsamkeit die Politikmüdigkeit der Wähler und das Abtriften zu extremistischen *„Populisten"*. Ist es ein Wunder, wenn der Bürger erkennen muss, dass vor lauter Beflissenheit der Politiker, ihr vermutetes Wählerklientel, vor allem aber die Lobby der Großindustrie, der Gewerkschaften, der Finanzdienstleister und anderer *„Leistungsträger"* mit immer neuen Einzelregelungen zu bedienen, ihnen das Große und Ganze längst aus dem Blick geraten ist? Nur die drastische Vereinfachung bietet die Möglichkeit der Gerechtigkeit und der Transparenz *(was auch dem Steuerrecht gut anstünde)*. Aber bei keiner *(!)* Partei ist der Wille zu erkennen, endlich alle genannten Systeme aufzuräumen. Die eine Partei schlägt dieses, die andere jenes vor. Das wirkt dann alles wie Flickschusterei. Und eine Mitarbeiterin des Finanzministeriums berät, wie das ZDF jüngst erfahren konnte, Superreiche über mögliche Steuerschlupflöcher! Viele Wähler lassen sich schließlich dumpf verärgert auf den Sog nach extrem rechts oder, weniger, nach extrem links ein, weil dort immerhin –

wenn auch ohne hilfreiches Programm – auf die aktuelle Politik geschimpft wird.

Alle sollten das mahnende Statement des DIW-Präsidenten Marcel Fratzscher im Interview vom Herbst 2023 beachten: „**Demokratie funktioniert nur dann, wenn alle Stimmen gehört werden und Berücksichtigung erhalten. Und hier haben wir eine riesige Unwucht. Die Wirtschafts-lobby setzt ihre Interessen massiv durch und erhält gigantische staatliche Hilfen – weiterhin auch für klima-schädliches Verhalten, das alle schädigt und hohe Kosten verursacht. Die Zivilgesellschaft und vor allem die junge Generation werden kaum gehört. Dies schädigt unsere Demokratie und wird die Transformation scheitern lassen, mit einem ultimativ hohen Verlust von Wohlstand**."

Oder die von John Meynard Keynes aus 1936: *"Die hervorstechenden Fehler der wirtschaftlichen Gesell-schaft, in der wir leben, sind ihr Versagen, für Vollbe-schäftigung Vorkehrung zu treffen und ihre* **willkürliche und unbillige Verteilung des Reichtums und der Einkommen.**"

Rassismus und Ähnliches

Wie im Themenfeld *„Folgen der Klimaveränderung"* polarisieren in den letzten Jahren eine ganze Reihe unterschiedlichster Aktivitäten, die aus jeweils gutem Grund in Gang gekommen sind, unsere Gesellschaft. Insbesondere Erfahrungen von **Ausgrenzungen** setzen sowohl bei den direkt Betroffenen – als auch bei einer breiten Schicht gutwilliger Intellektueller – Überlegungen und Handlungen in Gang, mit deren Hilfe man diese Grenzziehungen überwinden zu können meint.

Beispiele für diese Abgrenzungen sind die ablehnenden und diffamierenden schon lange bestehenden Einstellungen zu Menschen „fremder Rassen", anderer Religionen, mit Migrationshintergrund, mit ungewöhnlicher sexueller Orientierung, wie erst recht mit Behinderungen oder allerlei anderen Besonderheiten.

Die Ablehnung von Menschen, die einst anderen Sippen, dann anderen Stämmen und schlussendlich anderen Völkern angehörten, war und ist sicherlich eine ganz allmählich herangewachsene Erscheinung der

Menschheitsgeschichte. Der, die oder das Fremde wurde und wird als Bedrohung empfunden, als Konkurrenz für die Nutzung der Nahrungsquellen und als mögliche Eroberer des selbst genutzten Territoriums. Aus Nützlichkeitserwägungen versuchten einige, den Fremden näher zu kommen, sich sogar auch mit ihnen zusammenzuschließen sowie zu vermischen und damit die eigene Stärke zu verbessern. *„Nützlicher“* erschien aber oft die Abschottung, die Auseinandersetzung oder gar die Eroberung. Alle diese Muster ziehen sich deutlich durch die ganze Menschheitsgeschichte.

Um sicher zu gehen, dass zumindest die eigene *„Art“* den Sinn feindlicher Einstellung zum Fremden einsah, haben bereits vor Jahrtausenden die Führungspersonen ihre Ausgrenzung des Fremden in die religiösen Regeln eingebettet. Kenner des Alten Testaments wissen, mit welcher Ausschließlichkeit immer wieder die Vernichtung der *„Ungläubigen“*, bestimmter Nachbarvölker oder gar eroberter Volksstämme als *„Gottes Heilsplan“* manifestiert worden sind. Auch aus anderen antiken

Kulturen sind vergleichbare Untermauerungen des Fremdenhasses durch die jeweilige Religion zu beobachten. Wikipedia erklärt: *„Als* ***Heiligen Krieg*** *bezeichnet man eine kollektive organisierte Gewaltanwendung (Krieg), die aus einer Religion heraus begründet wird, etwa mit Vorstellungen vom Auftrag eines Gottes und seines Eingreifens in das Kriegsgeschehen. Solche Gründe werden oft in Gesellschaftsordnungen angegeben, in denen politische und religiöse Machthaber identisch oder eng verbunden sind. Sie rechtfertigen dann deren Ordnung, ihre Verteidigung, Stärkung und/oder Expansion als gottgewollt."* Heutiges Extrembeispiel ist der Dschihad im extremistischen Islam.

Als Theologe kann ich natürlich die Entstehung der alttestamentlichen Rassenlehre am leichtesten darstellen: Nach altjüdischer Vorstellung stammten von den drei Söhnen Noahs - Sem, Ham und Jafet - die Völker ab, die nach der Vernichtung der Menschheit in der Sintflut die Erde neu bevölkern sollten.

Dass sich die von **Sem** abstammenden Völker von Israel aus nach Osten, die von **Ham** abstammenden in südwestlicher und die von **Jafet** abstammenden in nordwestlicher Richtung ausgebreitet hätten, war in der Zeit des europäischen Mittelalters bis in die Neuzeit und in allen von der biblischen Überlieferung beeinflussten Regionen eine gängige Vorstellung. Auf der *„Radkarte"* des Isidor von Sevilla vom Anfang des 7. Jahrhunderts sieht man die Namen der drei Söhne Noahs den Kontinenten Asien *(Sem),* Afrika *(Ham)* und Europa *(Jafet)* zugeordnet.

Dass heute die einst auch den Semiten zugeordneten vorderasiatischen Arabervölker durch jüngeren extremen Antisemitismus im Vorderen Orient ein Krisengebiet geschaffen haben, kann aber auch zum Teil in der besonderen Geschichte des Judentums begründet sein. Entschuldigt diese Gegenseitigkeit aber die Feindseligkeiten und Gewalttaten der Gegenwart?

Und erst recht nicht den latenten **Rassismus** in unserer Bevölkerung. Lange vor den Flüchtlingsströmen der letzten Jahrzehnte hat der Satiriker Gabriel Laub in seinem Text *„Fremde“* deutlich gemacht, was Vorurteile anrichten: *„Fremde sind Leute, die später gekommen sind als wir: in unser Haus, in unseren Betrieb, in unsere Straße, unsere Stadt, unser Land. Die Fremden sind frech; die einen wollen so leben wie wir, die anderen wollen nicht so leben wie wir. Beides ist natürlich widerlich. Alle erheben dabei Ansprüche auf Arbeit, auf Wohnungen und so weiter, als wären sie normale Einheimische. Manche wollen unsere Töchter heiraten, und manche wollen sie sogar nicht heiraten, was noch schlimmer ist. Fremdsein ist ein Verbrechen, das man nie wieder gutmachen kann.“* Was fremd ist, wird schnell als Bedrohung empfunden Und schnell zur Minderwertigkeit herabgewürdigt.

Die Ablehnung oder Unterdrückung Angehöriger ethnischer Minderheiten hat eine sehr lange Geschichte. Die Hochkulturen der orientalischen Flussgebiete zwischen Euphrat und Tigris oder entlang des Nil haben immer wieder kleine ethnische Gruppen zwangsweise in ihre Strukturen eingebunden. Verschiedene Vorstufen und Ausprägungen der Sklaverei entwickelten sich. Im Zweistromland führte das sogar dazu, dass die Herrschenden an die Grenzen ihrer Macht stießen. Die bisher Unterdrückten lösten sie als Gesellschaftselite ab. Die unterdrückten israelitischen Stämme in Ägypten schaffen es, fast geschlossen das Land zu verlassen und als Eroberer eine dort neu entstehende Minderheit in Palästina nun von sich abhängig zu machen. Immerhin nicht als Sklaven, sondern als *„Geschützte"*. Taktisch eine Meisterleistung der Machtausübung.

Später im Römischen Reich wurde diese Methode sehr erfolgreich perfektioniert. Verblüffend lange ließen sich die nach ihrer Eroberung unterdrückten Volksgruppen ganz friedfertig den Schutz der römischen Elite gefallen. Als aber die Sklaverei dazu kam, wuchsen die Spannungen. Die elitären Bürger Roms waren von der Minderwertigkeit der Abhängigen zutiefst überzeugt, die Unterdrückten begannen Pläne zu entwickeln, gegen die Situation aufzubegehren, notfalls mit Gewalt.

Durch die Aufspaltung des Großimperiums und auch durch die frühchristliche Mission wurden Ausgrenzungs-Gründe langsam auf andere Ebenen der Unterschiede zwischen Bevölkerungsgruppen verschoben. Religiöse Themen rückten immer mehr in den Vordergrund. Hatte es im Altertum durchaus rassismushafte Denkweisen – auch mit gegenseitigen Ablehnungen – gegeben, so waren die weit über die Entstehungszeit des Islam hinaus in den Hintergrund geraten. Religiöser Fanatismus hatte sie im Großen und Ganzen erst einmal verdrängt.

Ab dem Beginn des 15. Jahrhunderts wuchs eine neue Treibkraft für das Handeln der Mächtigen heran, das war der Kolonialismus. Die Herrschaftsmacht europäischer Länder dehnte sich Schritt für Schritt auf Gebiete außerhalb Europas aus. Das Ziel war die wirtschaftliche Ausbeutung. Und im Zuge dieser Entwicklung begann eine neue und unglaublich grausame Sklaverei. Dieses als *„Maafa"* bezeichnete System lebte vom sehr schnell international aufblühenden Handel mit Menschen.

Der Hintergrund dieses Sklavenhandels war wohl weniger ein vorhandener Rassismus, für den es ewig lange gar keine Nahrung gegeben hatte. Der Grund war eindeutig der eigene Profit. Um dieses unmenschliche Handeln mit einer weltanschaulichen Begründung zu versehen, entstand als *„moralische"* Legitimation die Mär von der Minderwertigkeit der Afrikaner, also der *„Schwarzen"*. Dieser neu erfundene Rassismus wurde eine plausible Erklärung dafür, dass man ganze Generationen aus ihrer Heimat verschleppte und unter unwürdigsten Umständen zur Arbeit zwang.

Der Begriff *„Rasse"* spielte dabei erst gar keine Rolle, erst im 17. Jahrhundert wurde er nicht mehr nur für Tierarten verwendet, sondern schlich sich in die philosophischen und sogar medizinischen Theorien ein. *„Menschenrassen"* wurde allmählich ein allgemein gültiges Unterscheidungskriterium zwischen angeblich höherwertigen und minderwertigen Menschengruppen. Eine theoretische Gedankenkonstruktion ohne Beweise und mit geradezu zersetzender Kraft für eine sich bildende Weltgemeinschaft.

Erschütternd ist, dass selbst die doch so kritischen Philosophen der Aufklärung mit unreflektierter Selbstverständlichkeit diese Vorurteile der vergangenen Jahrzehnte als gegeben und richtig voraussetzten. Ich zitiere als Beispiel Kant, der eigentlich so angeblich beharrlich auf die kritische Vernunft vertraute: *„Die Menschheit in ihrer größten Vollkommenheit ist die Rasse der Weißen. Die gelben Indianer haben ein geringeres Talent. Die Neger sind weit tiefer, und am tiefsten steht ein Teil der afrikanischen Völkerschaften."* Solches geschieht, wenn einer am Schreibtisch vorgibt, *„ethnologisches Wissen"* zu besitzen.

So verwundert es nicht, dass in den Gesellschaften der europäischen vom Imperialismus profitierenden Staaten mit brutaler Selbstverständlichkeit rassistisch gedacht, gesprochen, geschrieben und eben auch politisch wie kaufmännisch gehandelt wurde. Weder im späten deutschen Kaiserreich noch in der Weimarer Republik gab es Zweifel an der Korrektheit dieser Sicht. Also muss es nicht wundern, dass alle rassistischen Töne des Nationalsozialismus kaum auf Widerstand, eher auf gedankenlose Zustimmung stießen.

Die besondere Tragweite und Masse der Juden- und Romavernichtung hat diese beiden – als Rassen eingestuften – ethnischen Minderheiten (sofern diese Bezeichnung für beide überhaupt geeignet ist) nach dem Zweiten Weltkrieg im Urteil der Staatsraison und der allgemeinen Gesellschaftsmoral aus diesem negativen Verurteilungsbild heraus genommen. Aber auf alle anderen Minderheiten, die als *„fremdartig"* empfunden werden können, traf das leider nicht zu. Erst durch die allgemeine Globalisierung und die *„Völkerwanderung"* der letzten Jahrzehnte kam ganz langsam Bewegung in dieses Ausgrenzungsthema.

Arbeiterströme

Während der industriellen Revolution des ausgehenden 19. Jahrhunderts wurden in den jungen Fabriken sehr bald die Arbeitskräfte knapp. Zuerst in Oberschlesien, wo schon immer die polnisch- und deutschstämmigen Volksgruppen nebeneinander und auch buntgemischt gelebt und gearbeitet hatten, sickerten allmählich immer mehr Arbeiter aus Ostpolen ein. Die erwiesen sich als zuverlässig und fleißig. Im Industrieballungsraum nahe der Ruhr wurde das aufmerksam zur Kenntnis genommen – und sofort mit der Anwerbung von polnischen Arbeitern aus den ländlichen Gebieten dort begonnen. Sehr erfolgreich, noch heute beweisen unzählige polnischen Nachnamen im *„Pott"*, dass diese Arbeiter in großer Menge sesshaft wurden.

Allerlei Berichte aus jener Zeit zeigen, dass es schon damals eine schwierige Aufgabe für beide Seiten war, diese Arbeitskräfte gesellschaftlich zu integrieren. Der Erste Weltkrieg schob dieses Problem zur Seite.

Der wirtschaftliche Aufschwung der Jahre nach dem Zweiten Weltkrieg bescherte vor allem den mittel- und nordeuropäischen Staaten ein flottes Wachstum. Besonders herausragend war das durch den gesellschaftspolitischen Neubeginn genährte deutsche Wirtschaftswunder. Und plötzlich fehlte es wieder an Arbeitskräften im System.

Zuerst wurden Kräfte in den wirtschaftlich langsamer wachsenden südeuropäischen Ländern angeworben. Bereits 1955 kam die erste Gruppe aus Italien, bald kamen auch die ersten *„Gastarbeiter"* aus Spanien, seltener aus Portugal und Jugoslawien. Eigentlich wollten die alle nach einem gewissen, oft sogar vertraglich vorgesehenen Zeitraum wieder nach Hause zurück. Doch der Bedarf und ein für ihre Verhältnisse gutes Einkommen hielt sie bis auf wenige Ausnahmen im Gastland fest. Der Bedarf wuchs zudem so schnell weiter, dass bereits 1961 ein Anwerbeabkommen mit der Türkei geschlossen wurde.

Trotz der durch Kemal Atatürk begründeten politischen Stabilität hatte die Türkei, auch wenn sie das *„Tor zum Orient"* war, einen gewaltigen wirtschaftlichen Nachholbedarf. Der Not gehorchend und mit der Zuversicht, in Deutschland werde alles besser, kamen Ströme türkischer Gastarbeiter nach hier. Tatsächlich erwies sich das für unerwartet viele als richtig. Also blieben auch von ihnen die meisten im Gastland und fügten sich ein. Einige Pfiffige kehrten mit sinnreichen Plänen oder gar Verträgen mit deutschen Firmen doch nach Hause zurück. Sie gründeten Firmen, verschafften ihren Mitbürgern Arbeit und wurden zu Motoren eines deutlichen Aufschwungs der Türkei. Auch nach Italien, Spanien, Portugal und Jugoslawien kamen allerlei Unternehmertypen zurück. Oft hingen die Produktionen und sonstigen Geschäfte fest mit den mittel- und nordeuropäischen Staaten zusammen. Lieferverträge und Subunternehmertum ermöglichten manche Verbesserungen in den Herkunftsländern der Gastarbeiter.

Große Firmen verlagerten allmählich ganze Produktionsstätten in das jeweilige Land. Ford beispielsweise baut schon lange seine Transporterflotte in der Türkei und einige PKW-Modelle in Spanien.

Zahllose Arbeiter holten allmählich ihre Familien nach oder gründeten hier eine. Von Anfang an gab es zahlreiche Menschen im Land, die den Zuzug der *„Fremden"* als Zumutung sahen. Zum Hauptproblem wurde aber die Unerfahrenheit der kommunalen Behörden mit dem Zuzug dieser Menge von Menschen aus anderen Ländern. Ob nun aufgrund einer falschen Vermutung, dass *„die da"* bald wieder heimkehren würden, oder aus dem Irrtum, die Fremden würden einander gerne dauerhaft nahe sein, kam es zu gemeinsamen Ansiedlungen, die zahlreiche Gastarbeiter und ihre Familien dazu eingeladen haben, national geprägte Subkulturen zu entwickeln und eine Integration in die gastgebende Gesellschaft gar nicht zu benötigen. Heute hat das bisweilen schlimme Folgen des Widerstandes gegen die deutsche Kulturlandschaft.

Fundamentalismus

Innerhalb meines beruflichen Fachgebiets *„Religion"* verbergen sich eine große Menge Gefahren. Hauptgrund ist meiner Erfahrung nach, dass eigentlich alle religiösen Zugehörigkeiten eine intensiv persönliche Entscheidung benötigen. Glaube ich, oder glaube ich nicht? Erst nach dieser Grundentscheidung entwickeln sich intensiv von einander unterschiedene Verständnis- und praktische Umsetzungsformen.

In der Geschichte lässt sich erkennen, dass in den Zeiten, in denen noch wenig wissenschaftliches Wissen entwickelt war, das Verständnis der jeweiligen Gläubigen von hoher Ehrfurcht vor den Gottheiten oder der Gottheit geprägt war, von denen oder der die Weltenschöpfung und -steuerung angenommen wurde. So entstanden zahllose religiöse Erzählungen von *„Urgeschichten"*. Solche im hoffnungsvollen - aber auch zugleich angstvollen - Blick zurück entstandenen Erzählungen und ihre unterschiedlichen Szenarien ordnet der

Historiker Magnus Brechtgen folgend ein: *„Diese Vorstellungen variieren nach Lebensort und natürlicher Umgebung, Klima und Lebensumständen, Nahrungsmöglichkeiten und Kulturentwicklung. (...) Alle unverständlichen Ereignisse des menschlichen Lebens – Krankheiten, Unfall oder Tod, alle Erscheinungen der Natur und der Umwelt, ob Gewitter oder Sturmflut, Kometenschweif oder Vulkanausbruch – erhalten ihren geordneten Platz."*

Bald aber begannen in der Umsetzung dieser Vorstellungen Unterschiede zu entstehen. Je nach Lebensumständen und gesellschaftlichem Grundbedarf wird das Glaubensfundament in die aktive Lebensform eingearbeitet. Wie schon oben beschrieben, wird der Glaube zur Legitimation für auch sehr unpassende Lebensgrundlagen. Und damit ist die Basis für eine sich steigernde Rechthaberei gelegt. Wird das von Generation zu Generation weitergereicht, verhärtet sich diese Einstellung und wird immer fanatischer.

Befeuert wird eine solche Entwicklung durch ein seltsam starr konservatives Beharren auf den angeblich unumstößlichen *„Wahrheiten“* der Vergangenheit. Das ist Fundamentalismus. Es heißt: *„Was früher galt, gilt auch unumstößlich noch heute.“* Fundamentalistische, intensiv zurück orientierte Christenmenschen zum Beispiel sind in ihrem theologischen Verständnis der Bibel *„biblizistisch“.* Der Begriff biblizistisch beschreibt dabei den kritiklosen Umgang mit dem biblischen Schriftbefund, der jeden Satz in der Bibel wörtlich nimmt, also intensiv dem biblischen Buchstaben verpflichtet sein will. Entsprechend erlebt man die Vertreter dieser Theologie als zu streng, engstirnig und intolerant. In anderen Religionen gibt es den genau gleichen Effekt.

Es ist das Hauptproblem fundamentalistischer Einstellungen, dass die unterschiedlichsten starren Denkweisen oft völlig unversöhnlich aufeinander prallen. Und schon beginnt der Streit. Wir wissen zwar alle, dass Streit, der zu Kompromissen führt, eine wichtige und gesunde Form unserer Kommunikation ist.

Aber Streitigkeiten zwischen Fundamentalisten laufen anders. Sie schaukeln sich auf, weil jeder auf seinem Standpunkt unverrückbar bleibt. Wenn dann religiöser Fundamentalismus und Politik in enger Verbindung stehen, gar die Politik von religiösen Fundamentalisten gesteuert wird, ist der Weg zur militärischen Gewalt nicht weit.

Leider haben sich auch Auseinandersetzungen über bestimmte kritikwürdige Einzelauffassungen in unserer Gesellschaft zu einer Art fundamentalistischer Glaubensfehden entwickelt. Traurige Beispiele sind im folgenden Kapitel unter etwas anderen Gesichtspunkten dargestellt, beispielsweise unter den Problemen Protest mit Gewalt sowie Macht und Ohnmacht der Sprache.

Gut gemeint ist nicht immer gut gemacht

Die selbsternannte „***Letzte Generation***“ hat zwar eine sehr gute wissenschaftliche und eben auch politische Grundlage zur Begründung ihrer Blockade- und Klebeaktionen. Jeder, der die Klimaprognosen kennt und die Folgen bedenkt, erkennt das an. Die Aktionen selbst aber werden aus den unterschiedlichsten Gründen kritisiert, bis hin zu heftigen Anfeindungen, Gegengewalt und sogar mit Drohungen rechtlicher Konsequenzen. Mir tut es unendlich leid, dass diese engagierten Leute zu Methoden greifen, die nicht etwa die Politik zu dringend gebotenen schnelleren Bewegungen umschalten, sondern eher dazu geeignet sind, die Gesellschaft zu polarisieren.

Die unzähligen Menschen, die sich der Zukunft der Klimafolgen gegenüber so verhalten wie Raucher, die zwar genau wissen, dass ihr Rauchen ihre Gesundheit schädigt, aber trotzdem fröhlich weiterqualmen, werden wütend, hassen die *„Kleber“* – und ändern sich nicht.

Und *„die Politik"*, die es so pauschal ja gar nicht gibt, zappelt sich oft – inzwischen sogar ganz gutwillig, aber eben demokratisch mühselig – durch allerlei Konzepte, die schwer unter einen Hut zu bringen sind. Was also nützen diese Aktionen, außer dass sie die Bevölkerung spalten?

An Erfolg oder Misserfolg unzähliger gutwilliger Bestrebungen lässt sich eindrucksvoll zeigen, dass nicht immer die radikalen Aktionen den größten dringend notwendigen Fortschritt und nötige Einsichten erbrachten, sondern zumeist jene, die mit behutsamer Eindrücklichkeit das Bewusstsein zahlreicher Menschen in Bewegung brachten. Mir scheint, dass diese es gut meinenden Blockierer dem Klimaschutz einen *„Bärendienst"* erweisen.

Besser: Allerlei betroffene Bevölkerungsschichten gingen und gehen zu Demonstrationen ihrer berechtigten Forderungen auf die Straße und treten in den Medien und über ihre Organisationen öffentlich wirksam oder im Stillen an die Abgeordneten unserer Parlamente heran.

Wahrscheinlich bräuchten wir jetzt eine strategisch angelegte **Bündnisarbeit für hörbare Stimmen**. Allerlei Organisationen, Gruppierungen und Netzwerke müssten sich zusammentun. Vielleicht sollte man das zunächst intern sowie leise machen und überlegen, ob und unter welchen Vorzeichen eine breitere Kampagne in Gang kommen könnte. Es muss nicht gleich alles konkret durchdacht werden, erst einmal nur angestoßen. Aber derzeit erkenne ich noch keine kraftvollen Initiatoren dafür. Es könnte jedoch hilfreich sein, ein Zeichen zu setzen – vielleicht wie einst bei den Lichterketten oder jüngst *„gegen Rechts“*. Da waren am Ende doch Hunderttausende auf den Straßen bei sehr geringer Vorarbeit.

Schon lange bedrückt mich das Missverhältnis zwischen Forderungen nach wirklich dringend notwenigen Veränderungen des allgemeinen Bewusstseins und den Methoden, diese Änderungen erreichen zu wollen.

Bereits sehr lang im Gange sind die Aktionen unterschiedlichster Feministinnen und auch Feministen. An Erfolg oder Misserfolg unzähliger Bestrebungen lässt sich hier eindrucksvoll zeigen, dass nicht immer die radikalen Aktionen den größten dringend notwendigen Fortschritt und nötige Einsichten erbrachten, sondern zumeist jene, die mit behutsamer Eindrücklichkeit das Bewusstsein zahlreicher Menschen in Bewegung brachten. Am wenigsten erreichten jene Eiferer, die mit Zorn und der Brechstange erzwingen wollten, was sie für richtig erkannt hatten. Viele auch auf der Basis einer Art stellvertretenden Gekränktheit für das betroffene Geschlecht.

Bei einer nicht übermäßig breiten Schicht Intellektueller in unserer Gesellschaft hat sich diese **Stellvertretermentalität** inzwischen manifestiert. Durchaus guten Willens, den Betroffenen in Vergangenheit, Gegenwart und Zukunft etwas Gutes anzutun, wurde begonnen, die Sprache, das wichtigste Kommunikationsmittel der Gesellschaft, nach *„falschen"* Begriffen und

Formulierungen zu durchforsten. Angesichts der Tatsache, dass im Deutschen seit eh und je der Unterschied zwischen Wortgeschlecht und biologischem Geschlecht angewandt und mit dem *„generischen Maskulinum“* zutiefst verankert ist, entstand eine herbe Kritik gerade daran und als Erstes das *„Gendern“*.

Ein Journalist der Wirtschaftswoche beschrieb das nun entstandene Dilemma treffend: *„Sprache ist ein kompliziertes Gebilde, entsprechend viele Irrtümer sind im Umlauf. Häufig heißt es, im traditionellen Sprachgebrauch seien Frauen im Plural nur ‚mit gemeint‘ und ‚nicht gesagt‘. Also ‚die Ärzte‘ sind zunächst einmal alle männlichen Ärzte – und quasi nebenbei dann auch noch die Kolleginnen. Aber ist das wirklich so? Hat ein großer Teil der Menschheit tatsächlich seit Jahrtausenden beständig etwas anderes gesagt als gemeint? Die Frage hängt davon ab, welcher Sprachphilosophie man (frau) – oft eher unbewusst als bewusst – anhängt. Die Versuchung ist groß, einzelnen Worten oder grammatischen Formen eine ganz* *bestimmte, unverrückbare, sozusagen mit Pattex befestigte Bedeutung anzukleben."*

Um Abhilfe zu schaffen, entstand ein Missverhältnis zwischen **Forderungen nach wirklich dringend notwenigen Veränderungen** des allgemeinen Bewusstseins zu Pluralismus und Diversität der Gesellschaft und den **Methoden**, diese Änderungen erreichen zu wollen. Man vermutete, es sei ein guter Weg, in die Sprache Hilfsmethoden einzuführen, die vermisste Weiblichkeit und Diversität zahlreicher Worte zu erschaffen. Der erste Versuch erbrachte *„StudentInnen"* etc. Das aber schien doch bald zu sehr ausschließlich weiblich missverstanden zu werden. Also begann ein Experimentieren auf ganzer Linie: *„Verkäufer/innen", "Politiker_innen", „ Journalist:innen", „Fahrer*innen"* usw. Ein journalistisch tätiger Kollege hat mir seine Zuneigung zum Sternchen damit erklärt, dass es ihn an den Stern von Bethlehem erinnere, also ein Symbol der Nächstenliebe sei. Auch ein Argument.

Fast rührend war dann zu erleben, dass die Medienschaffenden in Radio und Fernsehen sich allmählich mit großer Mühe anschickten, dieser *„Verbesserung"* Rechnung zu tragen. Petra Gerster brachte konsequent eine Art Schluckauf vor dem *„innen"* unter. Eindrucksvoll. Zahlreiche andere Sprecherinnen und Sprecher jedoch begannen bald, schlampig zu werden.

Typische Folgen alles dessen: eine dreizehnjährige Realschülerin fragt mich allen Ernstes, ob jetzt in Wirtschaft und Politik *„die Männer zur Seite geschafft"* würden. In Nachrichten höre sie nur noch von *„Unternehmerinnen"* und *„Politikerinnen"*. Oh! Ist da unversehens ein **generisches Femininum** entstanden? Und ein intellektuell leicht Eingeschränkter liest in der *„Zeitschrift in leichter Sprache"* der Lebenshilfe das Grußwort, das engagiert mit *„Liebe Leser*innen"* beginnt, und fragt mich: *„Was ist mit den Lesern außen?"* Damit hatten die klugen Köpfe wohl nicht gerechnet, dass die unzähligen weniger gut geschulten Köpfe unserer

Gesellschaft gar nicht begreifen können, was bezweckt ist. Auch nicht erwartet, was in der Bevölkerung die Folgen ihrer Sprachverschlimmbesserung sind.

Es ist eine grundlegende Erkenntnis der Linguistik, dass Lernende einer neuen Sprache stets dazu tendieren, es sich möglichst einfach zu machen. Jene, die in einer Sprache aufgewachsen sind, übernehmen ebenfalls, wenn sie nicht übermäßig geschulte Köpfe haben, die simpleren oder als Modeworte ständig wiederholten Konstruktionen und Einzelbegriffe und lassen diese so allmählich in den einfachen Sprachschatz der gesamten Gemeinschaft übergehen. Offensichtlich prägt die Gesellschaftsstruktur die Entwicklung einer Sprache stärker als gezielte Eingriffe im Sinne von *„Verbesserung"* oder gar der Verkündigung von Tabuworten. So haben merkantile, in der Unterhaltungsbranche übliche oder im Allgemeinsport dauernd verwendete Begriffe beispielsweise schnell in den täglichen Sprachgebrauch gefunden, auch wenn sie aus anderen Sprachen kommen. Drei Beispiele von zahllosen: *„Retoure"*, *„Eventlocation"* und *„Coach"*.

Die weniger gebildete Mehrheit der Bevölkerung kann also nicht nachvollziehen, dass die von ihr als *„Verschlimmbesserung"* empfundene Genderisierung der Sprache einen menschenfreundlichen Hintergrund hat. Sie empfindet diese Veränderungen als eine Art polizeiliche Maßnahme und erkennt nur Verbote. So entstand das unpassende Schimpfwort *„Sprachpolizei."* Wer sich aber in die Köpfe der Bevölkerungsmehrheit versetzt, wird sehen, da sind die bekämpften Vorurteile weniger bewusst wirksam als das Unverständnis für proklamierte Sprachtabus und unverständliche Kunstwortschöpfungen. Die bewirken also nichts.

Oder aber leider doch. Bei diesem Thema gibt es zu meinem Kummer inzwischen eine fast fanatische Bevölkerungsspaltung. Wird nicht sogar die wieder steigende Frauenfeindlichkeit unter jugendlichen Männern ein Stück weit von dieser so gut gemeinten

Sprachenkorrektur befeuert? Und, was noch schlimmer ist: die schlauen Populisten greifen das Unverständnis auf, machen daraus programmatische Hetzfloskeln und sammeln unverschämt viele Wählerstimmen.

Es kann keine guten Folgen haben, wenn immer wieder der Eindruck erweckt wird, es gebe eine Art Kulturkampf. Wenn Themen wie das Gendern (oder auch z.B. Maßnahmen zur Eindämmung des Klimawandels) als vermeintliche Ideologie aufgeladen werden, statt sie politisch zu verhandeln, droht eine Polarisierung und möglicherweise Radikalisierung, wie wir sie derzeit auch in den USA erleben. Nährt man die Narrative der extremen Rechten, stärkt das Feindbilder. Es kann bei schlichten Gemütern zur Radikalisierung führen und Hürden und Hemmungen in diese Richtung abbauen.

Nun noch zu jenen Engagierten, die den ***Rassismus***, (ab Seite 43 eingeordnet) bekämpfen, was immer noch dringend notwendig ist. Deren intellektuell befeuerte Sprachschöpfungen und -tabuisierungen haben natürlich letztlich den gleichen beschriebenen Effekt. Sie möchten guten Glaubens, damit Vorurteile zu beseitigen, eine ganze Reihe Begriffe aus der deutschen Alltagssprache vollständig gelöscht wissen. Unter sprachtheoretischen Gesichtspunkten erscheint das ebenso hilflos wie auch missverständlich für den ungeschulten Kopf. Und diese Köpfe empfinden sich unrechtmäßig gemaßregelt. So kommt der Polizeigedanke auch da ins Spiel.

Am befremdlichsten – und auch am gefährlichsten – sind aber die *„alleine noch gültigen"* Selbstbezeichnungen betroffener Rassismus-Vorurteils-Bekämpferinnen und -Bekämpfer sowie die Bezeichnungen für die *„Anderen"*. *„Schwarz"* geht auch dem schlichteren Verstand noch ein und erscheint logisch. Dagegen ist *„PoC"* (people of colour) nun wieder mal eine unnütze Verdenglischung. Ob ich *„farbige Menschen"* sage oder *„PoC"* ist doch logisch völlig das Gleiche, auch wenn *„Amnesty International"* schreibt, dass man *„farbig"* und *„PoC oder black"* nicht als Synonym verwenden kann, weil es nicht dasselbe meint. Wieder spielt sich eine relativ kleine

Gruppe der Bevölkerung als Besserwisser auf, was den Rest der Bevölkerung erschreckt. Oder sogar wütend macht, wie wir öfter erleben.

Aber ganz traurig macht mich der abfällige Stempel *„Weiße"* für alle angeblich in einer bequemen Vorurteilswelt verharrenden Menschen. Ich will es nicht als Vorwurf verstanden wissen, wenn ich besorgt frage, ob die Betroffenen nicht mit diesem Stempel ganz klammheimlich die populistische Behauptung von einem *„umgekehrten Rassismus"* genährt haben? Zudem ist der Begriff doch vielfältig anders beladen. Beispiele: Noch ist in vielen Gegenden unseres Landes der Malermeister ein *„Weißbinder"* oder kurz *„Weißer".* Und man bestelle mal in einer x-beliebigen Kneipe eine Weiße. Ohne Zögern zapft der Mensch an der Bar ein halbes Bier und mischt es mit Limonade zu einer *„Berliner Weißen".* Ein typisches Beispiel nach rechts triftender Reaktionen auf solches alles las ich aus Marburg/Lahn: In einer Altbauwohnung dort trifft sich Mitte November 2023 eine Gruppe von jungen Frauen.

Auf den Tisch kommen Glühwein, Käsespätzle und Stoffbeutel mit Stapeln von Aufklebern: *„Abschieben schützt Frauen"* steht auf einem, auf einem anderen: *„It's okay to be white"* (es ist okay, weiß zu sein), was also – wie oben befürchtet - Rassismus gegen Weiße suggerieren soll.

Alle im Rahmen der ***„political correctness"*** erdachten und erstellten Sprachtabus erinnern in beängstigender Weise an die dogmatischen Glaubensgrundsätze fast aller Religionen, die in ihrem Absolutheitsanspruch Wurzeln der zwischenmenschlichen Intoleranz bis hin zu Unterdrückung, Gewaltanwendung und Glaubenskriegen waren und sind, weil sie den Priestern und Mächtigen die Oberhand über das *„einfache Volk"* verschaffen.

Wir sollten bedenken: Etwa 70% unserer Bevölkerung haben einen Wortschatz von etwa 300 Begriffen, akademisch Gebildete hingegen einen von bis zu 3.000. Das ist verlockend und gefährlich zugleich. ***Sprache ist mächtig und empfindlich!*** Und gut gemeint ist wahrhaft nicht immer gut gemacht. Es ist fast rührend zu hören, wenn engagierte Intellektuelle behaupten, das sei nur eine Frage der Zeit, bis sich diese *„dringend gebotenen Sprachregelungen"* durchgesetzt hätten. Jeder Mensch könne und werde das lernen. Also auch hier wieder ein falsches Menschenbild einer Elite, in diesen Fragen der Bildungselite. Die Bequemlichkeit, die Ängste, den Geltungstrieb, die Disziplinlosigkeit, die Eitelkeit, die Manipulierbarkeit usw., kurz: alle feststellbaren *„Charakterschwächen"* der Menschen werden ausgeblendet und ein Trugbild der *„eigentlich zu richtigem Handeln"* fähigen und bereiten Bevölkerung geträumt.

Gerade meines Pfarrberufes wegen sind mir alle Spielarten von Bekehrungs- und Glaubenseifer höchst verdächtig, weil deren selbstgerechter Blick auf Andersdenkende radikalisiert – bis hin zu echt menschenverachtenden Parolen und gar Taten. Ich wünsche mir, dass alle aufhören, sich als Spaltpilze zu betätigen. ***Wer Ausgrenzung beseitigen will, schafft das garantiert nicht mit Gegenausgrenzung!***

Die Eingeschränkten

Ein ganz besonderes Feld der Ausgrenzungsgefahr erkenne ich im Umgang zahlloser Menschen, Menschengruppen, Behörden, Versicherungen usw. mit den zahlreichen unterschiedlich ***eingeschränkten Minderheiten*** unserer Bevölkerung, mit Gebrechlichen, Behinderten, psychisch und auch organisch Kranken.

Längst haben tüchtige Einzelpersonen, Organisationen, Hersteller und Fachhandel erkannt, dass es zahllose Möglichkeiten gibt, Einschränkungen bis zu einem gewissen Maß auszugleichen. Natürlich gibt es da noch unüberwindliche Grenzen. Eigene Gesetzesbücher wurden geschaffen, in denen Vorschriften und Verpflichtungen aufgeschrieben sind, Entlastungen zu schaffen. Wie aber sieht die Alltagswirklichkeit aus?

Ein sehr ernstes Thema ist die Unzahl von ***Barrieren***. Und nicht nur in technischer und alltagsbremsender Hinsicht, sondern auch in den Köpfen der Bevölkerung.

Praktische Barrieren sind beispielsweise, dass zwar Behörden und Supermärkte verpflichtet sind, für rollstuhlgerechte Zugänglichkeit zu sorgen, nicht aber Einzelhandelsgeschäfte, gastronomische Einrichtungen, Arztpraxen und Werkstätten. Zudem mangelt es überall an senioren- und behindertengerechten Wohnungen. Zum Glück müssen Neubauten mit mehreren Wohnungen in mehreren Stockwerken seit einiger Zeit Aufzüge enthalten, aber die verpflichtende Größe der Aufzugskabinen ist noch nicht dem Bedarf etwa der Notdienste angepasst.

In jeder deutschen Kommune gibt es nun schon seit Längerem einen *„Senioren- und Behindertenbeirat"*. Da ist ein guter Gedankenansatz umgesetzt worden, aber im jeweils einzelnen Zuständigkeitsbereich ist die Wirkung dieses Beirates nicht immer besonders groß. Er kann nämlich nur den gewählten Verantwortungsträgern, den Stadt- und Gemeinderatsmitgliedern sowie den Leuten in den Kreistagen Beobachtungen mitteilen und bestenfalls Verbesserungsvorschläge machen. Wie die dann dort umgesetzt werden, können auch die tüchtigsten Beiratsmitglieder kaum beeinflussen. So wird aus einer Gruppe von Betroffenen, also Fachleuten, eine Art Alibigruppe.

Aber da gibt es ja noch in allen Verwaltungsstufen die offiziellen *„Behindertenbeauftragten“.* Das sind meiner Erfahrung nach schon eher Personen, die laut werden können, wenn auch sie nur Vorschlagsrecht haben. Aber auch von den meisten von denen geht nach meiner Beobachtung nicht genug Anstoß in die Parlamente, um echte durchgreifende Verbesserungen zu schaffen. Erfolgreiche Ausnahmen gibt es aber zum Glück doch.

Auch in diesem Bereich gilt: was wäre Deutschland ohne seine Ehrenamtlichen? Angefangen von Lobby- und Betreuungsvereinen bis hin zu Selbsthilfegruppen findet sich ein breiter Teppich von zahllosen gutwilligen oder selbst betroffenen Menschen, die sich bestimmte, ihrem Können und Wollen entsprechende Aufgabenbereiche der unterschiedlichsten Hilfsmaßnahmen zur Aufgabe gemacht haben. Für die Betroffenen ist das oft die beste

Stütze, Für unsere Gesellschaft als ganze jedoch ein Armutszeugnis. Leistungen für Menschen in elendigen Lebensumständen werden gesetzlich – einigermaßen sinnvoll – geregelt, aber die Umsetzung und die Änderung des allgemeinen Bewusstseins in Behörden, Versicherungen und sogar Gerichten lässt eine Menge zu wünschen übrig. Ohne den unverdrossenen Einsatz der Ehrenamtlichen sähe es noch düsterer aus als so schon.

Die Brandstifter

Der Historiker, Soziologe und Schriftsteller Christian Graf von Krockow schreibt in seinem Buch *„Erinnerungen"* von 2002: *„Die mich abstoßen, sind (...) die Modetänzer des Engagements, die Bockspringer von Thema zu Thema, denen bloß das Dabeisein wichtig ist. (...) Wer seine Empörung vor die Kompromisse setzt, rüstet sich mit der Moral des Brandstifters, die nicht zum Bewahren hilft, sondern ins Verfolgen und Vernichten treibt."*

Als ob er schon erahnt hätte, was die angeblichen Tatsachenberichte und alle die scheinwissenschaftlichen Meinungen, die heute blitzschnell über die „sozialen" Medien verbreitet werden, in unserer Gesellschaft inzwischen angerichtet haben. Natürlich verunsichert das rasante Tempo aller Veränderungen, Fort- und erst recht Rückschritte der Menschheit ganz gehörig. Gibt diese Unsicherheit aber allen diesen Querdenkern, Besserwissern und falschen Propheten das Recht, sich unentwegt populistisch über dies, das und jenes –

gleichgültig, was gerade aktuell auffällt – unqualifiziert zu äußern? Oder aus einer an sich berechtigten kleinen Kritik einen riesigen Sturm zu entfachen?

Schon länger vor der Zeit der Pandemie waren dergleichen *„Fakenews“* in Mode gekommen. Auch die oft im Netz nachlesbaren, zumeist anonymisierten *„Kommentare“* ohne Tatsachenhintergrund vermehrten sich. Doch die Impf- und Maskengegner beschleunigten diese Entwicklung, die anderswo schon weiter fortgeschritten war. Man denke nur an Donald Trumps Twitterei. Und nun steht schon andauernd die Empörung vor den Kenntnissen und Kompromissen.

Die Kernkraftbefürworter ignorieren die Steuerentlastungen, die die Konzerne verhandelt haben, um den Nuklearstrom preisgünstig zu verkaufen. Erst recht die Endlagerfrage. Diejenigen, die auf klimabewahrende schwierige Entscheidungen der Politik empört reagieren, vergessen die Verantwortung für die folgenden

Generationen und wollen von den wissenschaftlichen Fakten nichts wissen.

Ich will nicht missverstanden werden. Sinnvolles Engagement, das auf Fakten gestützte Kritik zum Ausdruck bringt, halte ich für dringend geboten. Ehrliche müssen auch eingestehen, dass dergleichen Proteste und Aktionen nicht vergebens sind, solange sie erstens gut begründet, zweitens ruhig und friedlich organisiert und drittens nicht nah an populistischen Parolen platziert sind.

Ein trauriges Beispiel, wie es nicht geschehen sollte, boten zum Jahreswechsel 2023 auf 2024 die Proteste der deutschen Landwirte. Alleine schon, dass aus einem fast nichtigen Anlass, der ärgerlichen Streichung der Dieselsubvention, ein Rundumschlag gegen alle Arbeitsbedingungen des Berufsstandes wurde, hat mich stark verstört. Dabei ging es vielen Bauern so gut wie lange nicht. Anfang Dezember hatte der Bauernverband selbst neue Zahlen veröffentlicht, wonach sich die

Ergebnisse im abgelaufenen Wirtschaftsjahr 2022/23 deutlich verbessert hatten. *„Im Durchschnitt lag das Unternehmensergebnis der Haupterwerbsbetriebe bei 115.400 Euro je Betrieb“*, so die Interessenvertreter. Ein Jahr zuvor habe der durchschnittliche Ertrag noch bei 79.432 Euro gelegen. Somit ist es den **Bauern** trotz externer Krisen wie Inflation, höheren Energiekosten und Lieferkettenproblemen gelungen, den eigenen Gewinn innerhalb eines Jahres um 45 Prozent zu steigern. Zum Dank für diesen wirtschaftlichen Aufschwung zur Ampelregierungszeit verpesteten uns dann eine ganze Zeit lang riesige Traktorkolonnen die Luft, mit Parolen auf den Frontladern, die bewiesen, wie wenig dieser Berufsstand zu großen Teilen bereit war, sich dem Klimaschutz unterzuordnen, der doch die Grundlage erfolgreicher Landwirtschaft ist. Und sie wetterten gegen ihre Nöte, die sie vorigen Regierungen verdanken. Ganz als brandstiftend habe ich empfunden, dass auf manchem Frontlader kleine Galgen montiert wurden, an denen Ampeln erhängt waren. Der Dank für zwei Jahre wirtschaftlichen Aufschwungs? Dabei waren die

Weichen der Abhängigkeit von Subventionen schon Jahrzehnte zuvor von Bauernverbandsfunktionären und Ministern falsch gestellt worden.

Ich will mich aber nicht bei den Bauern aufhalten, ist dies doch ein Berufsstand, der durch Jahrhunderte ohne Änderungszwang im Jahreslauf eingebettet gewesen ist und sich nur – und das oft extrem geschickt – auf die Kapriolen der Witterung einstellen musste. Dass die aktuelle Klimakatastrophe massive Existenzängste schürt, darf man wohl verstehen.

Viel schlimmer ist, dass sich wieder die Populisten vor den Karren gespannt haben! Die sind nämlich die Meister des Missbrauchs von Informationskanälen. Die leben die *„Moral des Brandstifters“* ganz bewusst, um die Wähler glauben zu lassen, unter ihrer Führung werde alles besser.

Die öfter hörbare und lesbare Demokratiekritik hat sicherlich etwas mit der Ungeduld zu tun, die aus den Erlebnissen des digitalen Tempos kräftig gefüttert wird:

Abwarten, bis der demokratische Kompromiss gefunden ist? Auf keinen Fall! Jetzt gleich will **ich** haben, was **ich** meine, als **das Beste für mich** erkannt zu haben.

Das Smartphone spielt als Gehirnprothese bei dieser Entwicklung eine entscheidende Rolle. Nicht nur, weil sich die Informationsflut mit grausiger Geschwindigkeit darauf aufdrängt, sondern auch noch mit seinen blitzschnellen Möglichkeiten, sich selbst, und immer wieder nur sich selbst, per *„Selfie"* in Szene zu setzen. Der Egotrip technisch unterstützt! Ganz und gar dekadent sind bei diesem grausamen Spiel die *„Influencer".* Also diejenigen, die aus eigenem Antrieb Inhalte wie Texte, Bilder, Audio- oder Videoclips zu einem Themengebiet in regelmäßiger und hoher Frequenz veröffentlichen und so eine soziale Interaktion in Gang setzen. Diese Interaktionen wirken oft wie Flächenbrände. Aber auch die in der derzeitigen Auslaufsituation des Kapitalismus dekadent wirkende, immer noch blühende Werbung für Luxusgüter schürt den Egoismus.

Manche Medienschaffende entblöden sich nicht, in recht reißerisch aufgemachten Reportagen immer wieder den angeblichen Luxus des Lebens engagierter Politikerinnen, Politiker, Aktivistinnen und Aktivisten einer schnell neidischen Bevölkerung – mit dem Etikett *„Informationspflicht"* – darzustellen. Man sollte sich einmal klar machen, unter welchen persönlichen Opfern und mit welchen Anfeindungen die durch den Kakao Gezogenen leben.

Ich denke sogar, wenn man die Einkommen der in der Politik Tätigen mit denen der Konzernlenkerinnen und Konzernlenker vergleicht, sind – gemessen an der jeweiligen Verantwortung für die Allgemeinheit – die politisch Engagierten rettungslos unterbezahlt. Vielleicht ein Grund, warum in der Politik nicht immer die *„fähigsten"* Köpfe der Bevölkerung zu finden sind. Ob die Manager zur Angleichung nicht doch erheblich härter besteuert werden müssten? Einfache Lösung für Vieles!

Nachwort

Vor Kurzem schrieb mir ein sehr geschätzter Bekannter: *„Wenn ein Affe mehr Bananen hortet als er essen kann, während alle anderen Affen seiner Gruppe verhungern, würden Wissenschaftler genau erforschen, was mit dem Tier nicht stimmt. – Wenn Menschen so handeln, stehen sie auf der Titelseite von Handelsblatt, Wirtschaftswoche, Capital und Forbes Magazin.“* Ein anderer, ebenfalls sehr Geschätzter, reagierte folgend, als ich ihm diesen Text zuleitete: *„Aber selbst wirtschaftlich arme Menschen schützen Reiche davor, dass deren Vermögen angetastet wird. Paradox!“* Diese historisch gewachsene *„Selbstverständlichkeit der Abhängigkeit“* lässt sich wohl nur mit der schon oben mehrfach genannten Bequemlichkeit, den Ängsten, dem Geltungstrieb, der Disziplinlosigkeit, der Eitelkeit, der Manipulierbarkeit usw., kurz: mit allen feststellbaren *„Charakterschwächen“* wohl fast aller Menschen, nicht nur der Massen, erklären. **Umdenken tut not!**

Vom selben Autor sind bisher folgende Bücher erschienen:

- Am Außendeich, Geest-Verlag 2020, ISBN 978-3-86685-812-1
- Erben verpflichtet, Geest-Verlag 2021, ISBN 978-3-86685-835-0
- Gelernt zu leiden ohne zu zerbrechen?, Verlag BoD 2021, ISBN 978-3-7534-4379-9
- Dorfkristallnacht, 2. Auflage, Verlag BoD 2021, ISBN 978-3-7557-3720-9
- Pommerland ist abgebrannt, Verlag BoD 2022, ISBN 978-3-7557-0732-5
- Milch und Honig, Verlag BoD 2022, SBN 978-3-7543-8497-8
- Unbillig, Verlag BoD 2022, SBN 978-3-7562-3744-9
- Schwei, Verlag BoD 2022, Zusammenfassung einer alten Dorfchronik, ISBN: 978-3-7568-4437-1
- Die Uhr tickt + Hoffnung schafft's, Verlag BoD 2022
  Zwei Erzählungen vom Leben behinderter Pflegekinder,
  ISBN: 978-3-7568-5637-4
- Alles kommt wieder, Verlag BoD 2023, ISBN: 978-3-7578-0124-3
- Lonis Männer, Verlag BoD 2023, ISBN: 978-3-7526-4275-9
- Wo der Anker hält…, Verlag BoD 2023, ISBN: 978-3-7578-2674-1
- Geheilte Flügel, Verlag BoD 2023, ISBN: 978-3-7578-8782-7

roos-gerhard-autor.de